VENTE JUDICIAIRE

En vertu d'ordonnance enregistrée,

DES

OBJETS D'ART

TABLEAUX, DESSINS, PASTELS

Tapisseries Gothiques et autres

FAIENCES — GRÈS — ÉTOFFES — ARMES

Très beau MEUBLE du XVI⁰ Siècle

BRONZES D'ART du XVI⁰ Siècle et autres

Provenant de l'Atelier de M.

Dont la Vente aura lieu

HOTEL DROUOT. SALLE N° 3

Les Mercredi 3 et Jeudi 4 Février 1892

A 2 heures précises.

—○—

Mᵉ HENRI SANONER	M. E. GANDOUIN
COMMISSAIRE-PRISEUR	EXPERT
27, rue de Châteaudun.	31, rue des Saints-Pères.

Chez lesquels se distribue le Catalogue.

EXPOSITION PUBLIQUE

Le Mardi 2 Février, de 1 heure 1/2 à 5 heures 1/2.

PARIS. — IMPRIMERIE GRAND..., RUE ..., 20. — 1904-...

CONDITIONS DE LA VENTE

Elle sera faite au comptant.

Les acquéreurs paieront, en sus des adjudications, **cinq pour cent**, *applicables aux frais.*

La vente étant judiciaire, et l'exposition mettant le public à même de se rendre compte de l'état des objets à vendre, il ne sera admis aucune réclamation après l'adjudication prononcée.

VENTE JUDICIAIRE

En vertu d'ordonnance enregistrée,

DES

OBJETS D'ART

ET CURIOSITÉS

TAPISSERIES — ÉTOFFES

TABLEAUX

Dessins, Pastels, Gravures

Provenant de l'Atelier de M. L. D.

Dont la Vente aura lieu, par suite d'ordonnance du Tribunal,

HOTEL DROUOT, SALLE N° 3

Les Mercredi 3 et Jeudi 4 Février 1892.

EXPOSITION PUBLIQUE

Le Mardi 2 Février, de 1 heure 1/2 à 5 heures 1/2.

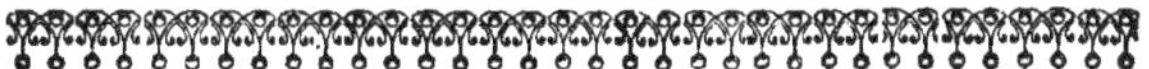

DÉSIGNATION

BIJOUX

ET

OBJETS DE VITRINE

1 — Montre en or émaillé bleu, garnie de perles fines et roses, époque Louis XVI.

2 — Montre en or ciselé et guilloché, avec miniature, époque Louis XVI.

3 — Bague en or et cheveux, époque Louis XVI.

4 — Bague en or à chaton carré, ornée de pierres vertes, époque Louis XVI.

5 — Bague de l'époque Louis XVI, chaton carré, montée en or.

6 — Bague de l'époque Louis XVI, monture en or avec émail, de même époque.

7 — Bague en or et cheveux, époque Louis XVI.

8 — Miniature de l'époque Louis XVI, avec cadre en or.

9 — Trois Émaux anciens, époque Louis XVI.

10 — Deux Plaques en nacre gravée, époque Louis XVI.

11 — Paire de Boucles d'oreilles en or, garnies de perles et roses, époque Louis XVI.

12 — Paire de Boucles d'oreilles en or, avec émaux.

13 — Deux Perles d'Écosse, avec montures en or émaillé (formes baroques).

14 — Paire de Pendants d'oreilles en or, époque Directoire.

15 — Corne en or émaillé, avec monture, formant Breloque, style du xvie siècle.

16 — Collier en or, orné de rubis. — Travail ancien.

17 Paire de Boucles d'oreilles en or, avec émail.

18 — Boucle en métal, ornée de chrysolithes.

19 — Clef en argent ciselé, style Louis XIV.

20 — Flacon en argent repoussé.

21 — Paire de Boutons en métal, avec applications d'argent ciselé.

22 — Flacon en or ciselé, formant cachet.

23 — Paire de Boucles en argent, garnies de cailloux du Rhin.

24 — Châtelaine en or ciselé, époque Louis XVI.

25 — Autre Châtelaine en or ciselé, de même époque que la précédente.

26 — Plaque en or ouvré, avec pierres de couleurs, époque de xviiie siècle.

7 — Bonbonnière de l'époque Louis XVI, en vernis dit de Martin.

28 — Bague formant sceau. — Travail ancien.

29 — Cadre en filigrane d'argent.

30 — Autre de même métal et travail, orné de cailloux dits Strass.

31 — Paire de Boucles d'oreilles ornées de Strass.

32 — Paire de Boucles de ceinture.

33 — Croix ornée de cailloux.

34 — Miniature en grisaille, scène mythologique, époque Louis XVI.

35 — Miniature. — Portrait encadré.

36 — Peinture sur verre, époque Louis XVI.

37 — Chausse-pied en corne gravée. — Travail de l'époque Louis XIII.

38 — Bas-relief en ivoire sculpté. — Travail du xviiie siècle.

39 — Boîte en Vernis-Martin de l'époque Louis XVI.

40 — Boîte en pâte de couleur, avec portrait en miniature, époque Louis XVI.

OBJETS DIVERS

41 — Beau Vase (brûle-parfums) en émail cloisonné de la Chine.

42 — Très curieux Manche de fouet, garni en argent ouvré, repoussé et ciselé. — Art hollandais du xviiie siècle.

43 — Guitare ancienne.

44 — Trépied vénitien ancien en fer forgé.

45 — Émail ancien de Limoges, scène de la Passion.

46 — Sept Pots en étain ancien, époque Louis XVI.

47 — Plat en étain du xviiie siècle.

48 — Deux Cadres en étain, époque Louis XVI.

49 — Grande Plaque de décoration.

50 — Marteau de maîtrise en fer ciselé, époque Louis XV.

51 — Sceptre en bois sculpté gravé.

52 — Deux Cadres ronds en bois sculpté. — Travail moderne.

53 — Deux Étuis de pipes en bois sculpté, garnis de cuivre.

54 — Trois Cadres pour miniatures.

55 — Coffret en cuir du xvie siècle.

56 — Petit Mortier en étain.

57 — Statuette antique égyptienne.

MEUBLES ANCIENS

ET

OBJETS MOBILIERS

58 — Remarquable Meuble du xvi° siècle, en noyer sculpté, avec marbre incrusté.

Ce très joli meuble à deux corps, dans le style de Ducerceau, est orné sur les portes de figures allégoriques représentant les Saisons, dans le goût de Jean Goujon ; sur les tiroirs et en haut, des Nymphes couchées ; le fronton est orné au centre d'une statue.

L'intérieur est garni dans le style du temps.

59 — Beau Meuble à deux corps, de l'époque Louis XIII, en noyer sculpté, orné de chutes de fruits et de panneaux sculptés, représentant diverses scènes héroïques.

Ce beau meuble est également orné de sculptures sur les flancs.

60 — Très Beau Coffre du xvie siècle, en noyer sculpté.

Très bel échantillon de l'art français, d'une remarquable ornementation et du plus beau style de cette époque.

61 — Meuble de l'époque Louis XV, en noyer sculpté et mouluré, forme contournée.

62 — Grand Meuble, en chêne sculpté, de l'époque Louis XIII.

63 — Autre Meuble flamand, en chêne sculpté, de même époque.

64 — Vaisselier à accrocher, époque Louis XVI.

65 — Lisseuse à linge, en bois sculpté.

66 — Meuble-Secrétaire de l'époque Louis XV. — Art hollandais.

67 — Bureau de même époque et style.

68 — Table à ouvrage, époque du Premier Empire.

69 — Barre à canettes, en chêne sculpté, époque Louis XIV.

70 — Petite Commode à bijoux, à trois tiroirs ornés de bronzes, époque Louis XVI.

71 — Groupe en bois sculpté, l'*Adoration des Mages*, époque gothique.

72 — Groupe en bois sculpté, le *Couronnement d'Épines*, époque gothique.

73 — Glace vénitienne, avec cadre en bois sculpté et doré, époque Louis XV.

74 — Vaisselier en bois sculpté, époque Louis XIV.

75 — Chevalet à manivelle et vis en fer.

ARMES ANCIENNES

ET ORIENTALES

76 — Épée espagnole de l'époque Louis XIII.
77 — Épée espagnole du xviie siècle.
78 — Mousquet du xvie siècle.
79 — Couteau de chasse ancien.
80 — Poignard arabe.
81 — Deux Poignards indiens.
82 — Poignard malais.
83 — Poignard kabyle.
84 — Deux Sabres d'infanterie, époque Louis-Philippe.
85 — Amorçoir persan en fer ciselé.
86 — Épée ancienne.
87 — Épée du xvie siècle, ciselée. avec combat de cavalerie.
88 — Épée ancienne, dite Claymore.
89 — Épée de l'époque Louis XVI.
90 — Couteau de veneur du xvie siècle.
91 — Poire à poudre allemande du xvie siècle.
92 — Épée du xvie siècle.
93 — Deux Poignards anciens.

*

94 — Amorçoir persan en fer ouvré. — Travail
     ancien.
95 — Grande Épée d'exécution, style du XVIe siècle.
96 — Autre grande Épée d'exécution, style du
     XVIe siècle.

BRONZES ANCIENS

CUIVRES ET FERS

97 — *Caïn tuant Abel*, groupe en bronze florentin du xvi° siècle.

98 — *Gladiateur blessé*, bronze florentin du xvi° siècle.

99 — Chandelier gothique en bronze du xiv° siècle.

100 — Très belle Vasque ronde en cuivre rouge repoussé. — Travail de l'époque Louis XIII.

101 — Très belle Garniture de cheminée, comprenant : l'endule, paire de Candélabres, Chenets en bronze ciselé et doré de style Louis XVI, de la maison Crosnier et C°, à Paris.

102 — Anonyme. — Portrait-médaillon en bronze.

103 — DAVID d'Angers. — Deux Portraits-médaillons en bronze, épreuves anciennes.

104 — Sous ce numéro, trois Médaillons en bronze, reproduction d'œuvres du xvi° siècle.

105 — Sous ce numéro, cinq Flambeaux anciens, en bronze, de l'époque gothique et un de l'époque Louis XIII.

106 — Lustre flamand en bronze, époque Louis XIII.

107 — Plat en cuivre repoussé.

108 — Paire de Chenets en fer ouvré du xvie siècle.

109 — Fontaine et sa Vasque en cuivre rouge, époque Louis XIII.

110 — Autre Fontaine, cuivre rouge, époque Louis XIV.

111 — Seau en cuivre rouge repoussé.

112 — Bassinoire en cuivre repoussé, époque Louis XIV.

113 — Bassinoire en cuivre repoussé, époque Louis XIV.

114 — Vase en cuivre ancien.

115 — Bougeoir en cuivre, époque Louis XIV.

116 — Bougeoir en cuivre, de même époque.

117 — Divinité chinoise, statuette ancienne en pokin.

118 — Douze Plaquettes ovales en bronze, portraits de personnages historiques.

119 — Dix-huit Sceaux en bronze.

FAIENCES ANCIENNES

PORCELAINES

ET CÉRAMIQUES DIVERSES

120 — Crapaud en porcelaine ancienne de Chine.

121 — Cuvette en porcelaine du Japon.

122 — Cornet en faïence ancienne de Faenza, décor polychrome.

123 — Coupe en faïence ancienne de Faenza, décor polychrome arabesques.

124 — Fontaine à accrocher et sa Vasque, faïence ancienne de Rouen, décor bleu, époque Louis XV.

125 — Vase de pharmacie en faïence ancienne de Savone, décor bleu.

126 — Cornet en faïence ancienne d'Italie, décor polychrome.

127 — Plaque en faïence imitation de Palissy.

128 — Pichet en faïence ancienne de Faenza.

129 — Cornet en faïence ancienne de Caffagiolo, décor polychrome.

130 — Cruche en grès ancien de Flandre.

131 — Encrier en faïence ancienne de Saint-Amand, émail blanc, quelques fractures.

132 — Grès ancien de la Meuse, daté 1765.

133 — Deux Coupes en faïence ancienne de Faenza.

134 — Plat en faïence ancienne de Delft.

135 — Plat en ancienne porcelaine de Saxe, fracturé.

136 — Plat en faïence imitation de Rouen.

137 — Deux Compotiers en faïence imitation de Moustiers.

138 — Plat à barbe, faïence ancienne de Delft.

139 — Petite Cruche en grès ancien.

140 — Soupière en porcelaine de Saxe, décor polychrome.

141 — Soupière en porcelaine ancienne de Paris, décor polychrome.

142 — Deux Vases en faïence imitation de Rouen, décor bleu.

143 — Bénitier, faïence ancienne d'Urbino, décor polychrome.

144 — Pichet en terre ancienne, émaillé vert, fabrique du Pré-d'Auge.

145 — Buste de femme, en terre cuite peinte. Travail du xviiie siècle.

146 — Jardinière rectangulaire, faïence ancienne de Strasbourg, décor polychrome.

147 — Deux Vases en porcelaine du Japon.

148 — Cruche en grès ancien de la Meuse, modèle dit aux Électeurs.

149 — Trois Encriers en grès ancien de Beauvais, avec imbrications bleues.

150 — Cruche en grès ancien de Creussen.

151 — Grand Encrier en grès ancien de la Meuse.

152 — Encrier en grès ancien avec monture en bronze.

153 — Deux Encriers en grès ancien de la Meuse.

154 — Encrier en grès ancien du xvie siècle.

155 — Petite Coupe hispano-mauresque, à reflets métalliques, xviie siècle.

156 — Aiguière, forme casque, faïence ancienne de Strasbourg.

157 — Bouquetière, faïence ancienne de Strasbourg, décor aux Chinois.

158 — Dix-huit Plaques en terre vernissée, émaillée à reliefs, des anciennes fabriques d'Augsbourg, xvie siècle.

159 — Plaque à sujets en faïence ancienne d'Augsbourg, émaillée vert, xvie siècle.

TAPISSERIES

ET

ÉTOFFES DIVERSES

ANCIENNES

160 — Tapisserie gothique du xve siècle, à personnages, représentant un sujet emblématique.

161 — Morceau de tapisserie du xvie siècle, représentant un mouton.

162 – Morceau de tapisserie ancienne, verdure, époque Louis XIII.

163 — Morceau de tapisserie ancienne, entouré de bordures.

164 — Bordure de tapisserie, époque Louis XIV.

165 — Devant d'autel et Bandeau au point de Hongrie, époque Louis XIII.

166 — Portière en velours vert du xviie siècle.

167 — Chasuble, soie brochée, époque Louis XIV.

168 — Chasuble brochée, époque Louis XIV.

169 — Couvre-lit, soie brochée, époque Louis XV.

170 — Lot de Toiles de Jouy.

171 — Bandeau en soie ancienne.

172 — Soie chinoise brochée.

173 — Robe turque à rayures.

174 — Chemise arabe.

175 — Caftan turc.

176 — Tapis de Caramanie.

177 — Lot d'Écharpes en gaze et soie.

178 — Veste bretonne brodée.

179 — Deux Bonnets de femme, soierie du xviii" siècle.

TABLEAUX, GRAVURES

180 — **Bonvin** (François). — Jeune Femme vue de dos, touchant du piano.

181 — **Budelot.** — Paysage.

182 — **Chaimbeaux.** — Paysage.

183 — **Defaux** (A.). — Paysage.

184 — **Defaux** (A.). — Cour de ferme.

185 — **Deshesgues** (L.). — La baraque de Marseille à la foire de Neuilly. — Salon de 188 .

186 — **Deshesgues** (L.). — Portrait d'homme en pied.

187 — **Deshesgues** (L.). — Repos du modèle (pastel).

188 — **Deshesgues** (L.). — Danseuses (pastel).

189 — **Deshesgues** (L.). — Jeune Femme couchée (pastel).

190 — **Deshesgues** (L.). — Coucher de soleil (pastel).

191 — **Deshesgues** (L.). — Nature morte (pastel).

192 — **Deshesgues** (L.). — Japonaise (pastel).

193 — **Deshesgues** (L.). — Paysage (pastel).

194 — **Chardin** (d'après). — Portrait du maître (pastel).

195 — **Deshesgues** (L.). — Scène d'intérieur.

196 — **Deshesgues** (L.). — Sujet de genre.

197 — **Lambinet** (Émile). — Paysage.

198 — **Mauzaisse.** — Portrait de femme.

199 — **École flamande.** — Paysage.

200 Sous ce numéro, divers Cadres en bois doré et autres en bois sculpté de diverses époques.

201 — Quatre Gravures anglaises en deux cadres.

202 — Lot considérable de Gravures anciennes, en noir et en couleur (sera divisé).

203 — *Objets omis.* — Sous ce numéro, divers Objets d'atelier : Plâtres, Tables à modèle, Escabeaux, etc., etc.

204 — Pendule en bronze ciselé et doré, époque du Premier Empire, avec statue de Bacchus.

205 — Pendule en bronze ciselé et doré, représentant l'Enfant aux bulles de savon, époque du Premier Empire.

206 — Pendule en bronze ciselé et doré, époque du Premier Empire, avec statuette d'Amour.

207 — Chaise de l'époque Louis XVI, acajou sculpté, motif champêtre.

208 — Chaise de l'époque Louis XV, en bois des îles.

209 — **Castelnau.** — Vue du quai du Louvre, prise de la galerie d'Apollon, effet de neige.

210 — Tapisserie ancienne de Bruxelles, d'après Rubens. — Bustes de personnages.

211 — Tapisserie ancienne d'Aubusson, portière verdure, entourée de bordures.

212 — Tapisserie ancienne d'Aubusson, portière verdure avec deux bordures.

213 — Meuble de salon, époque Louis XVI, composée de 3 Fauteuils, 3 Chaises et 2 Bergères.

214 — Commode ancienne Louis XIV.

PARIS. — IMPRIMERIE CHAIX, 20, RUE BERGÈRE. — 1362-1-92.

9 782329 510392